JOUE COMME LES PROS!
LES TECHNIQUES DU SOCCER

Texte de **Sarah Dann**

Traduction de Josée Latulippe

Dépôt légal - Bibliothèque et Archives nationales du Québec, 2016
Bibliothèque et Archives Canada, 2016

Joue comme les pros! Les techniques du soccer
ISBN 978-2-89579-757-9

Titre original : *Play Like a Pro. Soccer Skills and Drills* de Sarah Dann (ISBN 978-0-7787-0250-4) © 2014
Crabtree Publishing Company, 616 Welland Ave, Ste. Catharines, Ontario L2M 5V6, crabtreebooks.com.

À la réalisation chez Crabtree Publishing Company
Recherche et développement : Kelly McNiven
Recherche photographique : Melissa McClellan
Conception graphique : Tibor Choleva
Consultant : Sonja Cori Missio, correspondante internationale, qui publie dans *The Guardian*,
Forza Italian Football et *Soccer Newsday*

Conçu et produit pour Crabtree Publishing par BlueApple*Works*

À la réalisation chez Bayard Canada
Direction éditoriale : Maxime P. Bélanger, Gilda Routy
Traduction : Josée Latulippe
Révision : Sophie Sainte-Marie
Mise en pages : Danielle Dugal

© Bayard Canada Livres inc. 2016

Illustrations
Trevor Morgan : p. 6-7

Photographies
(h = en haut, b = en bas, d = à droite, g = à gauche, c = au centre)
Alamy : © Stuart Kelly p. 20 ; © PCN Photography p. 21 (d) ; © Offside Sports Photography p. 23 (b) ;
Dreamstime.com : © Amy S. Myers p. 7 (c) ; © Photographerlondon p. 17 (h) ; **Shutterstock.com :** © ollyy
(couverture) ; © muzsy p. 3 et 25 (b) ; © arindambanerjee p. 4 ; © Natursports p. 5, 6-7 (b), 11 (d), 20-21
(h), 25 (c), 28-29 (h et b) et 30 ; © Pavel L Photo and Video p. 6-7 (h), 14-15 (h) et 7 (b) ; © Aptyp_koK p. 9
(g et d) ; © CLS Design p. 10 ; © Olga Dmitrieva p. 11 (g) ; © Larry St. Pierre p. 13 (h) ; © Amy Myers p. 15
(h) ; © Maxisport p. 18 ; © Gyuszko-Photo p. 19 (b) ; © katatonia82 p. 20-21 (b) ; © Photo Works p. 23 (h) ;
© Matt Trommer p. 25 (h) ; © Cornelius O'Donoghue p. 26 ; © Yiannis Kourtoglou p. 27 (h) ; © Michael
Chamberlin p. 29 (g) ; © Africa Studio p. 29 (d) ; **ThinkStock :** © Digital Vision (page de titre) ; © Brand
X Pictures p. 6 ; FogStock p. 9 (c) ; © Jupiterimages p. 12 ; moodboard p. 22 ; Robert J. Beyers II p. 27 (b) ;
Purestock p. 28 ; **Zumapress.com/Keystone Press :** © DPA p. 13 (b) ; © Molly Klager p. 14, 16, 21 (g)
et 24 ; **Autres :** © T. Choleva p. 8 ; © Marc Crabtree p. 15 (b) ; © Melissa McClellan p. 17 (b) et 19 (h)

Financé par le gouvernement du Canada
Funded by the Government of Canada | Canadä

Nous reconnaissons l'aide financière du gouvernement du Canada par l'entremise du Fonds du livre
du Canada (FLC) pour des activités de développement de notre entreprise.

Conseil des arts   Canada Council
du Canada   for the Arts

Nous remercions le Conseil des arts du Canada de l'aide accordée à notre programme de publication.

Cet ouvrage a été publié avec le soutien de la SODEC. Gouvernement du Québec - Programme de crédit
d'impôt pour l'édition de livres - Gestion SODEC.

Bayard Canada Livres
4475, rue Frontenac
Montréal (Québec) Canada H2H 2S2
edition@bayardcanada.com - bayardlivres.ca

Imprimé au Canada

SOMMAIRE

LE SOCCER DANS LE MONDE

Le soccer est l'un des sports les plus populaires au monde. Il est pratiqué et célébré sur toute la planète par des hommes et des femmes, au sein de ligues internationales, nationales et locales. Il est aussi très apprécié comme sport **récréatif**. Le soccer est souvent appelé le « sport roi ».

La simplicité du soccer

Si le soccer est si populaire, c'est entre autres parce qu'il est très simple à pratiquer. Tout le monde peut y jouer, à peu près n'importe où. On a juste besoin d'un ballon et de deux indicateurs de **but**. Les joueurs qui n'ont pas de ballon peuvent **improviser** et en fabriquer un avec des chaussettes, une noix de coco ou même en attachant ensemble des morceaux de tissus.

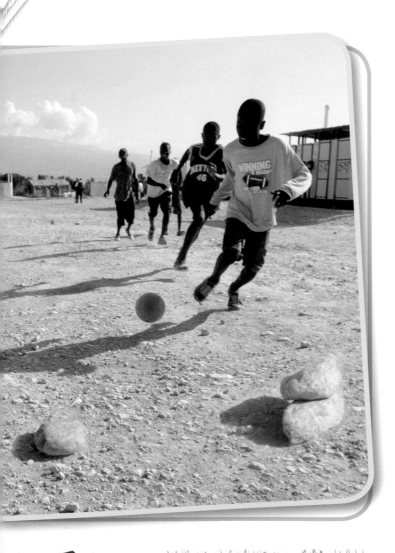

Des roches, des briques ou des vêtements peuvent servir à marquer chaque côté du but.

Tant de ligues

Il existe des milliers de ligues de soccer dans le monde. La plupart des ligues relèvent de la Fédération internationale de football Association (FIFA), l'organisme international qui régit le soccer. Tous les quatre ans, la FIFA organise un tournoi appelé la « Coupe du monde », qui réunit les meilleures équipes de la planète.

Partout dans le monde, les partisans de soccer remplissent les stades pour encourager leurs équipes et leurs joueurs favoris.

Ce sport qu'on appelle le « soccer » en Amérique du Nord est nommé « football » dans bien des pays.

Est-ce le soccer ou le football?

Les deux ! Les règlements du soccer ont été fixés par la Football Association d'Angleterre en 1863. Le « football association » s'est rapidement répandu dans le monde. Le mot « association » a bientôt été raccourci pour devenir « assocer », puis simplement « soccer ». Aujourd'hui, le sport est appelé « football » ou « soccer ».

COMMENT JOUER?

Le but du soccer est de frapper un ballon avec les pieds, de le passer à ses coéquipiers pour ensemble tenter de marquer dans le but de l'équipe adverse. Les joueurs peuvent aussi contrôler le ballon avec leur tête, leur poitrine et leurs jambes. Toutefois, si un joueur sur le terrain touche le ballon avec la main ou le bras, l'arbitre signalera une faute de main.

Le gardien de but empêche le ballon d'entrer dans le filet. Il peut se servir de ses mains uniquement dans la surface de réparation. Il porte des gants spéciaux pour l'aider à saisir le ballon et à arrêter les tirs.

surface de réparation

filet

point de réparation

ligne de but

ligne de touche

Le terrain de soccer

Le terrain de soccer est délimité par des lignes indiquant les limites sur les côtés et à chaque extrémité du terrain. Onze joueurs de chaque équipe jouent à différentes positions. L'équipe **en possession** du ballon attaque et essaie de marquer des buts. L'équipe en défense tente de repousser les attaques et de reprendre possession, ou le contrôle, du ballon. Une partie comprend deux demies. À la fin de la seconde demie, l'équipe gagnante est celle qui a marqué le plus de buts. Si les deux équipes sont à égalité, la partie peut se terminer par un match nul, une prolongation ou une **séance de tirs au but**.

Les joueurs remettent le ballon en jeu lorsqu'il sort du terrain en traversant les lignes de côté.

Les dimensions des terrains de soccer peuvent varier. Les lignes les plus longues sur les côtés sont appelées les « lignes de touche ». Celles qui bordent chacune des extrémités du terrain sont appelées les « lignes de but ». La ligne du centre sépare le terrain en deux.

ligne du centre ou ligne médiane

demi

gardien

attaquant

défenseur

L'ÉCHAUFFEMENT

Le soccer est un sport exigeant sur le plan physique, car les joueurs doivent courir pendant presque toute la partie. Avant de jouer, fais une petite course autour du terrain pour t'échauffer les muscles. Une fois que tu es bien échauffé, il est important de bien étirer tout ton corps, y compris le cou, les bras et les jambes.

*Pour étirer le **muscle ischiojambier**, assieds-toi, une jambe tendue devant toi et les orteils pointant vers le haut. Approche l'autre pied de ton genou et penche-toi pour atteindre tes orteils avec les mains.*

Pour faire une fente, fléchis une jambe à la fois et penche-toi au-dessus du genou plié pour étirer l'autre jambe. On peut exécuter les fentes sur le côté ou vers l'avant.

S'entraîner avec le ballon

Le contrôle du ballon est une habileté importante à acquérir pour jouer au soccer. Pour t'entraîner, tu peux courir en frappant le ballon devant toi ou contre un mur. Tu peux aussi apprendre le contrôle du ballon en faisant des passes avec tes amis ou tes coéquipiers. Placez-vous les uns près des autres. Une fois que vous aurez réussi à vous échanger le ballon avec précision, vous pourrez vous éloigner les uns des autres pour augmenter la difficulté de l'exercice.

*Pour **jongler** avec un ballon de soccer, il faut garder le ballon dans les airs en le faisant bondir sur les pieds, la tête, la poitrine et les jambes. C'est une excellente habileté qui permet d'améliorer le contrôle du ballon et la coordination.*

FRAPPER LE BALLON

Dans une partie de soccer, le ballon est presque toujours en mouvement. Pour marquer des buts, tu dois apprendre à frapper avec précision un ballon qui bouge. Déplace-toi vers le ballon, ne reste pas immobile à l'attendre. Quand tu t'approches, tire la jambe vers l'arrière et frappe le ballon avec l'intérieur du pied.

Des tirs précis

Si tu frappes avec le pied droit, approche-toi du ballon de la gauche. Si tu frappes avec le pied gauche, approche-toi de la droite. Place le pied d'appui en direction de l'endroit où tu veux frapper le ballon, et celui-ci atteindra ta cible.

Bien frapper le ballon est une habileté importante à acquérir pour devenir une grande vedette de soccer. Un tir puissant permet de marquer des buts et de faire d'excellentes passes !

Contre le mur

Frapper le ballon contre un mur est une bonne façon de t'entraîner à maîtriser un ballon en mouvement. Si tu traces des cibles sur le mur, tu pourras aussi t'exercer à viser en essayant de les atteindre avec le ballon.

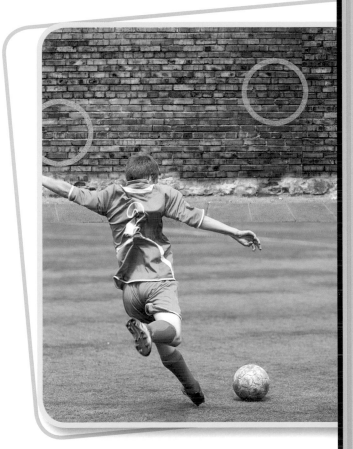

Prends le temps d'apprendre comment le ballon se déplace quand tu le frappes avec différentes parties du pied.

Essaie de ne pas frapper le ballon avec les orteils. Tu pourras mieux contrôler le ballon si tu le frappes avec le côté du pied.

Tout un coup de pied!

Le joueur argentin Lionel Messi est considéré comme l'un des meilleurs joueurs au monde. Même s'il n'est pas très grand, son jeu combatif et ses tirs précis ont fait de lui l'un des plus grands marqueurs de la planète.

En 2012, Messi est devenu le premier joueur de l'histoire de la Ligue des champions à marquer cinq buts dans une partie.

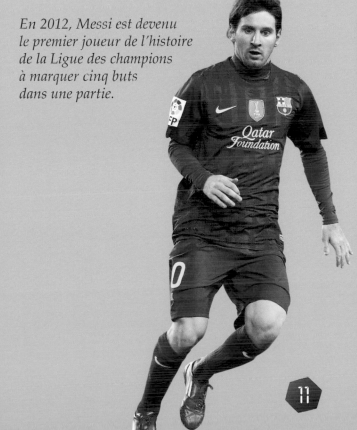

DRIBLER ET PASSER

Dribler, c'est transporter le ballon sur le terrain en donnant de petits coups de pied. On ne doit pas frapper le ballon trop fort pour éviter qu'il se rende trop loin. En donnant de légers coups de pied sur le ballon, avec précision, les joueurs peuvent dribler et contourner leurs adversaires.

La clé, c'est l'entraînement !

Tu peux t'entraîner à dribler en plaçant une rangée de cônes à quelques mètres de distance. Exerce-toi à avancer entre les cônes, tout en driblant avec le ballon. Tu peux aussi le faire avec des amis : un joueur court avec le ballon pendant que les autres essaient de le lui enlever.

Contourne chaque cône en driblant le plus rapidement possible sans perdre le contrôle du ballon.

Passer le ballon

Il est parfois plus facile de passer le ballon à un coéquipier que de dribler avec le ballon pour contourner les adversaires. Il faut beaucoup d'entraînement pour apprendre à faire des passes précises. Tu dois être capable de frapper le ballon dans toutes les directions et à différentes distances.

S'entraîner à passer

Un exercice amusant consiste à former un cercle avec d'autres joueurs et à se faire des passes à l'intérieur. Pour ajouter un élément de difficulté, un joueur peut se placer au milieu et tenter d'intercepter les passes.

La passe est une habileté importante à maîtriser.

Un excellent passeur

Diego Maradona a joué au soccer pour l'Argentine jusqu'en 1997. Il était reconnu non seulement comme un excellent buteur, mais aussi pour son habile jeu de passes, qui permettait souvent à d'autres joueurs d'obtenir des chances de marquer.

Maradona a marqué 34 buts avec l'équipe nationale d'Argentine.

Pour contrôler le ballon, il faut souvent le bloquer, ou l'amortir, avant de pouvoir le frapper. Tu peux te servir de ton pied pour l'empêcher de rouler. Mais quand le ballon rebondit plus haut, tu dois être capable de l'arrêter sans utiliser les mains. L'habileté à amortir le ballon est l'une des techniques qui font du soccer un sport qui sollicite tout le corps.

S'entraîner à amortir

La meilleure façon de t'exercer à amortir le ballon est de demander à un autre joueur de te lancer le ballon à différentes hauteurs, de façon à ce que tu puisses utiliser les pieds, les jambes et la poitrine pour contrôler le ballon. Pour augmenter la difficulté de l'exercice, l'autre joueur peut aussi t'envoyer le ballon avec le pied à différentes hauteurs.

À plusieurs reprises pendant une partie, tu devras contrôler un ballon qui voyage dans les airs ou se déplace rapidement au sol.

14

Avec la poitrine

Parfois, le ballon arrive à la hauteur de ta poitrine. Comme tu ne peux le toucher avec les mains ou les bras, place-les sur le côté et arrête le ballon avec la poitrine.

Si tu arrêtes le ballon avec la poitrine, il retombera au sol devant toi.

Avec les cuisses

Si le ballon arrive à la hauteur de la taille, sers-toi du genou ou de l'intérieur de la cuisse pour amortir le ballon et le faire tomber à tes pieds.

Quelle que soit la partie du corps utilisée pour amortir le ballon, le pied, la poitrine ou la jambe, assure-toi d'être détendu. Si ton corps est raide, le ballon rebondira loin de toi.

LES TÊTES ET LES RENTRÉES DE TOUCHE

L'une des façons les plus spectaculaires de frapper le ballon est avec la tête. Tu peux ainsi passer le ballon à un autre joueur ou même marquer un but !

Réussir une tête

Pour réussir à frapper le ballon avec la tête, il faut le suivre attentivement des yeux. Tu dois tenter d'entrer en contact avec le ballon juste au-dessus du front, à la naissance des cheveux. Ce point te permet de diriger le ballon en t'avançant vers lui pour le frapper. Fléchis légèrement les genoux et, au moment de frapper le ballon, tends les jambes pour pouvoir envoyer le ballon dans la direction à laquelle tu fais face.

Les joueurs frappent habituellement le ballon avec la tête quand il arrive haut dans les airs.

Les rentrées de touche

Il est permis d'utiliser les mains à une seule occasion au soccer : pour effectuer les rentrées de touche. Celles-ci surviennent uniquement lorsque le ballon sort du terrain en franchissant une ligne de côté. Quand cela se produit, un joueur se tient à l'extérieur du terrain, près de la ligne de touche, saisit le ballon dans les mains et le lance sur le terrain.

Une joueuse tente de lancer le ballon à un coéquipier. Les joueurs de l'équipe adverse essaient de reprendre possession du ballon.

La technique

Pour faire une rentrée de touche, on lance le ballon par-dessus la tête. Le joueur prend le ballon avec les deux mains et le lève au-dessus de la tête. Il tire les bras vers l'arrière, puis lance le ballon. Il essaie de l'envoyer à un coéquipier à découvert.

Pour exécuter une rentrée de touche, il ne faut pas franchir la ligne de touche.

Au soccer, alors que chacun s'efforce d'améliorer ses habiletés individuelles, tous doivent travailler ensemble. Une équipe compte 11 joueurs, habituellement composée de 4 attaquants, 3 demis, 3 défenseurs et 1 gardien. Ensemble, ceux-ci essaient de marquer des buts et d'empêcher l'équipe adverse de marquer.

L'arbitre

L'arbitre est chargé de s'assurer que tous les joueurs respectent les règles. Il suit le ballon d'un bout à l'autre du terrain et siffle quand on doit arrêter ou reprendre le jeu. Ses deux assistants surveillent les lignes et, lorsque le ballon franchit les limites du terrain, ils savent exactement à quel endroit il est sorti et comment il doit être remis en jeu.

La plupart des arbitres sont vêtus de jaune ou de noir, mais les couleurs et les styles varient selon les diverses associations.

Hors limite en bout de terrain

Si l'équipe adverse envoie le ballon au-delà de la ligne de but, le gardien le frappe du pied pour le remettre en jeu. Si c'est l'équipe du gardien qui lui a fait franchir la ligne de but, l'équipe adverse obtient un coup de pied de coin : un joueur frappe alors à partir du coin du terrain, du côté où le ballon est sorti.

Une joueuse effectue un coup de pied de coin.

Un travail d'équipe

Tous les joueurs unissent leurs efforts pour monter le ballon sur le terrain afin de pouvoir tirer vers le but adverse. Quand les joueurs d'une équipe sont en possession du ballon, ils sont en position offensive, ou d'attaque. Quand ils n'ont pas le ballon, ils sont en position défensive.

Quand une équipe est en position offensive, tous les joueurs doivent unir leurs efforts pour empêcher l'autre équipe de prendre possession du ballon.

DES ATTAQUANTS RAPIDES

Il y a quatre attaquants sur le terrain. Au début de la partie, ces joueurs se placent sur la ligne médiane. Les deux au centre du terrain sont appelés « avants ». L'un des deux commence la partie en frappant le ballon. Les deux autres attaquants sont l'ailier droit et l'ailier gauche.

Le coup d'envoi

Le **coup d'envoi** met le ballon en jeu. Un coup d'envoi a lieu au début de la partie, au début de la seconde demie et après qu'un but a été marqué. Le ballon est placé sur la ligne médiane, au milieu du rond central. L'attaquant botte le ballon vers l'avant en direction d'un coéquipier, en s'assurant que le ballon entre dans le territoire de l'équipe en position défensive.

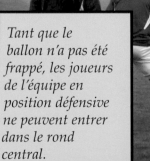

Tant que le ballon n'a pas été frappé, les joueurs de l'équipe en position défensive ne peuvent entrer dans le rond central.

La vitesse et les buts

Les attaquants sont souvent les joueurs les plus rapides d'une équipe. Ils doivent être capables de contourner leurs adversaires pour se placer en position de marquer. Les attaquants sont les joueurs qui marquent la plupart des buts d'une équipe, parce qu'ils se trouvent plus près du but adverse. Ils doivent avoir un coup de pied précis pour obtenir des chances de marquer.

Les attaquants doivent savoir comment botter le ballon avec précision pour le diriger par-dessus, en dessous ou à côté des défenseurs et du gardien adverses.

Le savais-tu?

Un joueur de soccer peut courir 10 kilomètres au cours d'une seule partie!

Une attaquante vedette

Mia Hamm est considérée comme l'une des meilleures joueuses de soccer de tous les temps. Entre autres, cette attaquante a détenu jusqu'en 2013 le record du plus grand nombre de buts marqués par un joueur, homme ou femme.

Mia a été, à 15 ans, la plus jeune joueuse de l'histoire de l'équipe nationale féminine de soccer des États-Unis.

LES DEMIS

Les demis, ou milieux de terrain, se tiennent entre les attaquants et les défenseurs. Il y en a trois : centre, gauche et droit. Les demis préparent une grande partie des jeux, car ils relaient le ballon des défenseurs aux attaquants. Ils doivent avoir une bonne idée de la position de leurs coéquipiers sur le terrain pour savoir où passer le ballon quand ils le reçoivent.

Du jeu offensif et défensif

Les demis doivent être prêts à jouer de façon offensive autant que défensive. Quand leur équipe est en possession du ballon, ils sont souvent à l'attaque et tentent de passer aux attaquants qui sont à découvert. Quand des joueurs de l'équipe adverse ont le ballon, ils essaient de le leur enlever avant que ceux-ci atteignent les défenseurs ou tirent au but.

Les demis doivent courir beaucoup, car ils vont constamment d'un bout à l'autre du terrain, se plaçant pour recevoir le ballon. Ils doivent être en excellente condition physique.

La maîtrise du ballon

Les demis doivent être capables de rester calmes sous la pression. La plupart du temps, ils doivent faire bouger le ballon sous la surveillance étroite d'un adversaire. Ils doivent donc être en mesure de dribler et de passer sans perdre lc ballon. Quand ils arrivent à percer la défensive adverse, les demis obtiennent parfois des chances de marquer. Ils doivent pouvoir tirer au but avec précision.

La plupart du temps, les demis effectuent les coups de pied de coin pour leur équipe.

Tout un demi !

David Beckham, un milieu de terrain, a joué au soccer dans plusieurs équipes professionnelles dans le monde. Il a pris sa retraite en 2013. Il était des plus habiles pour effectuer les coups de pied de coin, car il était capable de **brosser** le ballon de façon que ce dernier décrive un arc et contourne les joueurs adverses. Il a même marqué quelques buts à partir d'un coup de pied de coin. On dit souvent que personne ne peut « la jouer comme Beckham ».

LES DÉFENSEURS

Les défenseurs sont aussi appelés les « arrières ».
Il y a habituellement trois défenseurs en même temps
sur le terrain : un au centre, un à droite et l'autre à gauche.
Les défenseurs sont les derniers joueurs sur le terrain avant
le gardien et le but. Leur tâche consiste à empêcher leurs adversaires
de tirer au but. Ils observent attentivement les attaquants et les demis de
l'autre équipe, les surveillent étroitement et bloquent les tirs au but.

Une position stratégique

Les défenseurs peuvent soit se
placer directement à côté d'un
joueur en offensive, soit entre
le joueur qui attaque et le but.
D'une façon ou d'une autre,
l'objectif est de soutirer le ballon
au tireur ou de bloquer un tir au
but avant qu'il atteigne le filet.

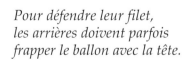

*Pour défendre leur filet,
les arrières doivent parfois
frapper le ballon avec la tête.*

Un défenseur vedette

Sergio Ramos est l'un des meilleurs défenseurs au monde. Il évolue avec le Real Madrid et l'équipe nationale d'Espagne, qui a remporté la Coupe du monde en 2010. Il est un excellent joueur défensif, mais il est aussi capable de marquer des buts, ce qui fait de lui un joueur exceptionnel à cette position.

Sergio Ramos marque d'un coup de tête pendant une partie de soccer à Madrid, en Espagne.

Faire circuler le ballon

Il arrive que des défenseurs bottent le ballon loin en avant sur le terrain pour mettre en place un jeu, dans les cas où ils reçoivent le ballon et ne subissent pas de pression de la part de l'adversaire. Cela peut se produire lorsqu'un joueur adverse perd le contrôle du ballon ou quand un demi de l'équipe en défensive passe le ballon à un arrière.

Dans la mesure du possible, lorsqu'un arrière enlève le ballon à un joueur en position offensive, il tente de le passer à un membre de sa propre équipe.

LE GARDIEN DE BUT

Le rôle principal du gardien est d'empêcher le ballon d'entrer dans le but. Après avoir arrêté le ballon, le gardien le remet en jeu en le passant à un coéquipier. Le gardien est le seul joueur sur le terrain qui peut se servir des mains et des bras pour attraper ou bloquer le ballon.

Botter le ballon

Pour remettre le ballon en jeu, le gardien peut le lancer ou le faire rouler en direction d'un autre joueur. Le plus souvent, il botte le ballon. Il peut faire trois pas avant de laisser tomber le ballon sur son pied et de le frapper devant lui sur le terrain. C'est ce qu'on appelle un « pointu ». Lorsqu'il est bien exécuté, ce botté permet de passer le ballon à un joueur libre, même loin en territoire adverse.

Sur le terrain, le gardien peut se servir de ses mains uniquement à l'intérieur de la surface de but et de la surface de réparation.

Couper les angles

Lorsqu'il subit une attaque, il arrive souvent que le gardien sorte de son but pour couper l'angle de tir du joueur qui approche. Cela signifie qu'il se rapproche du joueur, lui laissant moins d'espace pour tirer au but. Le filet est haut et large ; il est donc très important que le gardien ait une bonne idée de la position des poteaux derrière lui, de façon à pouvoir bloquer un tir. Parfois, le gardien saute et boxe le ballon loin du but.

Un excellent gardien

On considère Gianluigi Buffon comme le meilleur gardien de la planète. Il joue depuis plus de 15 ans en Italie et il est le gardien le mieux payé au monde.

Surnommé « Superman », Gianluigi Buffon est célèbre pour ses arrêts remarquables.

*(gauche) Idéalement, le gardien reste debout lorsqu'il effectue un arrêt. Il aura plus de difficulté à bloquer un **retour** s'il se retrouve au sol après le premier tir.*

L'ESPRIT SPORTIF ET LA NUTRITION

Avec tous les joueurs sur le terrain, l'une des choses les plus importantes au soccer est de faire preuve d'un bon esprit sportif. Non seulement il est essentiel de bien s'entendre avec ses coéquipiers, mais il faut aussi respecter les membres de l'équipe adverse.

Ton équipe

Faire preuve d'un bon esprit sportif avec ta propre équipe, c'est t'assurer que d'autres joueurs connaissent du succès, sans tenter d'attirer sur toi toute la gloire. Ton équipe jouera mieux si tu as à cœur le succès de tous les joueurs.

Le terrain de soccer est trop vaste pour un joueur seul. Être un joueur d'équipe rend le sport plus amusant pour tout le monde.

Tes adversaires

Les joueurs de soccer sont très proches les uns des autres sur le terrain. Être respectueux des autres joueurs, c'est s'assurer que personne ne se blesse pendant la partie. Tes coups de pied peuvent blesser les autres si tu ne fais pas attention. S'il est important de prendre possession du ballon, il est aussi essentiel de faire de ton mieux pour que personne ne se blesse pendant que tu tentes de t'en emparer.

Serrer la main des joueurs de l'équipe adverse après la partie, c'est faire preuve d'un bon esprit sportif.

La nutrition

Si tu veux connaître du succès sur le terrain, tu dois rester en forme. Il est important de bien manger à l'extérieur du terrain et de boire beaucoup d'eau pendant les parties. Tu peux demeurer en santé en évitant les aliments et les boissons sucrés.

Les boissons faites de fruits et de légumes constituent une collation santé quand tu n'es pas sur le terrain.

29

JOUER COMME UN PRO

Si tu aimes vraiment jouer au soccer, inscris-toi dans une ligue locale ou dans l'équipe de soccer de ton école. Tu peux même jouer seulement avec tes amis ! Parmi les meilleurs joueurs au monde, beaucoup ont commencé à jouer à un très jeune âge. Les joueurs de soccer ont de la chance, car il existe de nombreuses ligues partout au pays et sur la planète. Il y a beaucoup de possibilités si tu veux continuer à jouer au fur et à mesure que tu grandis et que tu deviens un meilleur joueur.

Regarder le soccer

Tu peux assister à des parties de soccer jouées à un niveau local ou national. Le fait de regarder des professionnels à l'œuvre peut te donner une idée de la façon dont le soccer de haut niveau est pratiqué dans le monde. Un jour, ça pourrait être toi. Continue de jouer, de te garder en forme et… n'abandonne pas !

Les joueurs et les partisans partout dans le monde font du soccer l'un des sports les plus regardés sur la planète. Presque tous les pays ont leur propre ligue et leur équipe nationale.

POUR EN SAVOIR PLUS

Livres

Haw, Jennie. *Victoire ! L'histoire du soccer*, Bayard Canada, 2016.

Lupien, Jessica. *Le soccer*, Éditions Les Malins, 2015.

Gifford, Clive. *Soccer*, Broquet, 2013.

Sites Web

La Coupe du monde de la FIFA

Pour tout savoir sur le plus grand tournoi du monde, la Coupe du monde de la FIFA. La prochaine édition aura lieu en Russie en 2018.

fr.fifa.com/worldcup

La Fédération de soccer du Québec

Pour découvrir le monde du soccer au Québec, les équipes, les formations, les compétitions, l'arbitrage, etc.

federation-soccer.qc.ca

Les techniques de base

De courtes vidéos expliquent les mouvements de base du soccer.

grassroots.fifa.com/fr/pour-des-enfants/fondamentaux-techniques.html

GLOSSAIRE

brosser Technique visant à donner une trajectoire courbe au ballon.

but Espace dans lequel un joueur tire le ballon pour marquer.

coup d'envoi Mise en jeu au début de chaque période de jeu ou après qu'un but a été marqué.

improviser Fabriquer quelque chose à partir de matériaux qui ne sont pas conçus à cette fin.

jongler Frapper le ballon avec les pieds après l'avoir laissé tomber de ses mains.

muscle ischiojambier Muscle de la cuisse permettant l'extension de la hanche et la flexion du genou.

en possession Quand un joueur ou une équipe a le ballon.

récréatif Jouer pour le plaisir, mais pas dans une ligue organisée.

retour Quand le gardien fait un arrêt, mais que le ballon rebondit en jeu et est de nouveau tiré au filet.

séance de tirs au but Tirs sur le filet pour décider d'un vainqueur en cas de match nul.

INDEX